# Le cou(p) bas

Tom CARLO

# Le cou(p) bas

Édition : BoD – Books on Demand, info@bod.fr
Impression : BoD – Books on Demand, In de Tarpen 42,
Norderstedt (Allemagne)

Impression à la demande

Illustration : Tom CARLO

ISBN : 978-2-3224-7449-3

Dépôt légal : mai 2023

Loi n°49-956 du 16 juillet 1949 sur les publications
destinées à la jeunesse, modifiée par la loi n°2011-525
du 17 mai 2011.

Il était une fois, Gigi,
une girafe presque
comme les autres.

Sa seule particularité
physique c'est qu'elle
a un petit cou.

PETIT
COU

Mais à cause de cela,
toutes les autres
girafes se moquaient
d'elle car pour elles,
Gigi n'était pas

« normale ».

Depuis toute petite, elle était toujours seule et elle n'avait pas d'amis. Elle se faisait souvent insulter et frapper.

Les gens la
montraient du doigt.
Que ce soit à l'école,
en dehors ou chez
elle; elle se
faisait **harceler**.

En allant à l'école, elle était triste parce qu'elle savait que sa journée allait être difficile; et en rentrant, elle allait directement dans sa chambre pour pleurer et même là, elle recevait des dizaines de messages de haine sur les réseaux sociaux.

Elle ne voulait pas en parler à ses parents car elle avait peur d'être jugée.

Mais, un jour, des camarades de sa classe lui ont demandé si elle voulait être amie avec eux. Elle accepta mais ils lui avaient fait un coup bas: ils ne voulaient pas réellement être ses amis.

Gigi était encore plus triste qu'avant.

Elle voulait vraiment avoir des amis et ce qu'ils avaient fait n'était vraiment pas gentil.

A force de cacher ses sentiments; un jour, elle s'est mise à pleurer devant ses parents et leur a tout expliqué.

Ils ne l'ont pas jugé bien au contraire, ils l'ont aidé. Ils sont allés voir le directeur de l'école pour essayer d'arranger la situation.

La maîtresse est allée en parler avec les parents des élèves harceleurs et ils arrêtèrent d'embêter Gigi.

Parfois on plaisante d'un camarade sans avoir conscience du mal que l'on peut faire. Mais cette « plaisanterie » peut vite devenir du harcèlement si la moquerie se répète et encore plus si l'on s'y met à plusieurs.

Vous voyez, si une connaissance à vous se fait harceler parce qu'elle est jugée différente, aidez-la: parlez-en à un adulte mais surtout vous ne devez pas la laisser seule.